Bibliografische Information der Deutschen Nationalbibliothek:

Die Deutsche Bibliothek verzeichnet diese Publikation in der Deutschen National-bibliografie; detaillierte bibliografische Daten sind im Internet über http://dnb.d-nb.de/ abrufbar.

Impressum:

Copyright © 2018 GRIN Verlag
Druck und Bindung: Books on Demand GmbH, Norderstedt Germany
ISBN: 9783668744103

Dieses Buch bei GRIN:

https://www.grin.com/document/424857

Bernd Noetscher

Human Machine Interface Design mit State Chart XML

Evaluation von SCXML zur Nutzung in Model-Driven Development anhand der Implementierung des Qt Creators und Qt Frameworks

GRIN Verlag

GRIN - Your knowledge has value

Der GRIN Verlag publiziert seit 1998 wissenschaftliche Arbeiten von Studenten, Hochschullehrern und anderen Akademikern als eBook und gedrucktes Buch. Die Verlagswebsite www.grin.com ist die ideale Plattform zur Veröffentlichung von Hausarbeiten, Abschlussarbeiten, wissenschaftlichen Aufsätzen, Dissertationen und Fachbüchern.

Besuchen Sie uns im Internet:

http://www.grin.com/

http://www.facebook.com/grincom

http://www.twitter.com/grin_com

HMI Design mit State Chart XML

Evaluation von SCXML zur Nutzung von Model Driven Development anhand der Implementierung des Qt Creators und Qt Frameworks

Bernd Nötscher

Fachbereich Informatik, Hochschule Darmstadt
Hauptseminar „Embedded Systeme"
Wintersemester 2017/2018

Abstract. This paper explains the most important basics of the SCXML language and gives an overview of existing freely available SCXML implementations. It evaluates the quality of SCXML in the existing implementation of the module Qt SCXML of the Qt Framework and the support for it by the IDE Qt Creator. In addition, a practical example shows how an application in Qt can benefit from combining SCXML as a declarative component to control the behavioral logic with the advantages of using an imperative part written in C++ outside of a SCXML document. Thus, this paper verifies that SCXML is suitable for Model Driven Development using Qt.

Keywords: SCXML, State Chart XML, Qt SCXML, Qt Creator, Qt Framework, UML statechart, UML state machine, Model Driven Development

1 Einleitung

Deterministische Zustandsautomaten sind seit Jahrzehnten in der Softwareentwicklung üblich, erreichen aber schnell große Komplexität, wenn sehr viele Zustände zusammen in einem Modell betrachtet werden. Diese Komplexität reduziert die Lesbarkeit des Zustandsdiagramms. Eine bedeutende Erweiterung um die Komplexität zu reduzieren wurde daher von Harel für Zustandsautomaten entwickelt [Harel, 1987]:

Ein Zustand kann zusammengesetzt sein aus anderen Zuständen, damit kann eine Hierarchie von Zuständen erstellt werden. Zwei oder mehr Zustände können parallel verarbeitet werden, was es ermöglicht parallele Prozesse abzubilden. Weiterhin kann ein Zustand seine aktuelle Zustandskonfiguration beim Verlassen des Zustands abspeichern, wenn der Zustand dann erneut aktiv wird, kann die vorher gespeicherte Zustandskonfiguration wiederhergestellt werden.

SCXML greift die Ideen von Harel auf, denn es basiert auf Harel statecharts und CCXML (Call Control XML) und wird seit September 2015 als Empfehlung (Recommendation) des [W3C, 2015] geführt. Bei SCXML handelt es sich unabhängig von HMI um eine Möglichkeit einen Prozess zu steuern. Es bietet die Möglichkeit Verhaltenslogik über einen Zustandsautomaten abzubilden und gehört zum Bereich Model Driven Development. SCXML ist verwandt mit UML statecharts [OMG UML, 2017], bietet aber zusätzlich im Gegensatz zu UML statecharts eine deterministisch arbeitende Ausführungsumgebung für erstellte Zustandsdiagramme. SCXML verarbeitet automatisch Zustände, Zustandsübergänge sowie Ereignisse und ermöglicht parallele Abläufe. Ein Zustandsautomat wird in SCXML deklarativ definiert und kann um imperative Elemente (z. B. EcmaScript) erweitert werden.

Einige Anwendungsszenarien sind:

- SCXML als neu zu verwendender Standard für CCXML 2.0 eingesetzt bei VoiceXML [W3C, 2010]
- Multimodale Anwendungen als Interaktionsmanager [Dahl, 2017]
- Entwicklung von Benutzerschnittstellen [Gavin Kistner, 2014]
- Hardwareprogrammierung/VHDL [uSCXML, 2017]
- Als allgemeine Steuerungssprache für Prozesse
- Protokollverarbeitung mit endlicher Anzahl Zustände (z. B. FTP)

Ziel dieses Papers ist die Evaluation von SCXML zur Nutzung von Model Driven Development anhand der Implementierung des Qt Creators und Qt Frameworks. Dafür wurde die bestehende Implementierung in Qt gezielt nach Stärken und Schwächen untersucht und ein Praxisbeispiel als Widget-basierte Qt Anwendung entwickelt um die Anwendbarkeit im Kontext für HMI Design zu testen. Es soll herausgefunden werden, ob man eine Qt Anwendung durch einen Zustandsautomaten steuern kann, ohne dass die Verhaltenslogik zusätzlich in C++ ausgedrückt werden muss.

2 Grundlagen

Bei SCXML handelt sich um ein Dateiformat und eine Notation für Zustandsdiagramme (genauer Zustandsübergangsdiagramme) als auch um eine generische Ausführungsumgebung für solche. In diesem Kapitel werden die wichtigsten Elemente kurz erläutert.

2.1 Dateiformat und Notation

Die einzelnen Elemente werden in einer XML-basierten Sprache definiert. SCXML beinhalten keine Layoutinformationen wie Elemente grafisch anzuordnen sind z. B. wie es bei State Chart UML der Fall ist. Im Quelltextbeispiel 1.1, wird ein Zustandsautomat ausschnittsweise gezeigt.

Listing 1.1: Beispiel für einen Zustandsautomaten, der eine Verkehrsampel für den Straßenverkehr in Deutschland implementiert. Die Reihenfolge der Abarbeitung der Ausführung ist mit Buchstaben am Anfang jeder Zeile gekennzeichnet, beginnend mit a (m führt dann als nächstes zu b). Das Beispiel ist eine Endlosschleife und läßt die Zustände von Rot über Gelb bis Grün abarbeiten und dann umgekehrt. Der Zustand yellow ist ein zusammengesetzter Zustand mit zwei untergeordneten Zuständen, von denen immer nur einer aktiv ist, wenn yellow aktiv ist [Qt Example Traffic Light, 2017].

```
e  <state id="red">
     <onentry>
f      <send event="startGoingGreen" delay="3s"/>
     </onentry>
g    <transition event="startGoingGreen"
                  target="redGoingGreen"/>
   </state>

a  <state id="yellow" initial="greenGoingRed">
h    <state id="redGoingGreen">
     <onentry>
i      <send event="goGreen" delay="1s"/>
     </onentry>
j    <transition event="goGreen" target="green"/>
   </state>

b    <state id="greenGoingRed">
     <onentry>
c      <send event="goRed" delay="1s"/>
     </onentry>
d    <transition event="goRed" target="red"/>
   </state>
   </state>

k  <state id="green">
     <onentry>
l      <send event="startGoingRed" delay="3s"/>
     </onentry>
m    <transition event="startGoingRed"
                  target="greenGoingRed"/>
   </state>
```

2.2 Deklarative Elemente in einem SCXML-Dokument

SCXML ermöglicht eine hierarchische Struktur, da Zustände innerhalb von anderen Zuständen verschachtelt deklariert werden können. Folgende Abschnitte

3

beschreiben kurz die wichtigsten Tags und deren Eigenschaften, die für dieses Paper relevant sind.

Zustände `<state id=...>`

Die optinale Eigenschaft `id` ist der Zustandsname. Während der Ausführung kann ein Zustand entweder aktiv oder inaktiv sein.

`initial=...` als weitere optionale Eigenschaft eines Zustands definiert den Startzustand bei Zuständen auf gleicher Ebene.

`<onentry>` und `<onexit>` sind Elemente, die ausführbare Inhalte enthalten, die ausgeführt werden sollen, wenn der Zustand aktiv bzw. inaktiv wird. Sie können den Tag `<script>` beinhalten (für imperative Anweisungen).

Zustandsübergänge `<transition target=...>`

Sie definieren einen möglichen Zustandsübergang zwischen zwei Zuständen. `target` bezeichnet den Namen des Zielzustands. Optional kann mit der Eigenschaft `event` der Zustandsübergang eingeleitet werden, sobald ein Ereignis (englisch *event*) auftritt. Mit der Eigenschaft `cond` ist es möglich eine Bedingung festzulegen, die erfüllt werden muss, wenn der Zustandsübergang ausgeführt werden soll.

Ereignisse `<send event=...>`

Die Eigenschaft `event` bezeichnet den Namen des Ereignisses. Ereignisse werden intern innerhalb des SCXML-Dokuments verarbeitet oder nach extern weitergereicht. Die optionale Eigenschaft `delay` legt fest nach wie vielen Sekunden der Event ausgelöst werden soll, wenn der entsprechende Event ausgeführt wird.

Parallele Zustände `<parallel id=...>`

Die optionale Eigenschaft `id` ist der Zustandsname.

Das parallele Element kapselt eine Reihe von untergeordneten Zuständen (u. a. `<state>` und `<parallel>`), die gleichzeitig aktiv sind während der Ausführung, wenn das übergeordnete Element aktiv ist.

Historische Zustände `<history id...>`

Diese Zustände (im Englischen *history states*) ermöglichen die automatische Speicherung eines Zustands in seiner aktuellen Konfiguration, z. B. bei einem zusammengesetzten Zustand wird für alle betroffenen Zustände gespeichert, ob sie aktiv sind oder nicht, wenn der übergeordnete Zustand inaktiv wird (es gibt zwei Modi für die Eigenschaft `type`: `deep` und `shallow`).

Um den gespeicherten Zustand wieder herzustellen, benötigt man einen Zustandsübergang, der ein *history state* als Ziel hat, dann wird bei der Ausführung dieses Zustandsübergangs der gespeicherte Zustand verwendet um die vorherige Konfiguration wiederherzustellen.

Die optionale Eigenschaft `id` ist der Zustandsname. `<history>` wird als Pseudozustand angesehen.

4

Zusammengesetzte Zustände Ein zusammengesetzter Zustand ist ein `<state>`, der u. a. `<state>` und `<parallel>` als Kinder (oder eine Kombination davon) haben kann.

2.3 Imperative Elemente in einem SCXML-Dokument

Betrachtet wird hier nur die Möglichkeit Datenmodelle zu verwenden um eine imperative Steuerung und imperative Anweisungen für eine Anwendung zu ermöglichen.

In Qt ist es möglich C++ als Datenmodell zu verwenden, sodass man beliebige C++ Anweisungen innerhalb des Tags `<script>` sowie beliebige C++ Ausdrücke im Tag `<transition cond=...>` für die Bedingung verwenden kann.

2.4 Ausführungsumgebung

Die Ausführungsumgebung ist zustandsbasiert. Der SCXML Prozessor verarbeitet automatisch eingehende Ereignisse und führt selbständig Zugangsübergänge durch um die Zustände zu verwalten wie genau beschreibt der SCXML Standard folgendermaßen:

Determinismus Es wird mit Hilfe der XML-Dokumentenreihenfolge eine Gesamtreihenfolge bei der Ausführung von Zustandsübergängen, `<onentry>` und `<onexit>` definiert und damit implizit die Priorität kodiert. Damit ermöglicht SCXML deterministische Programmabläufe.

Parallele Verarbeitung Neue eingehende Ereignisse können die Verarbeitung des aktuellen Ereignisses nicht unterbrechen und müssen gespeichert werden (typischerweise in einer Ereigniswarteschlange), bis der Zustandsautomat wieder untätig wird. Diese Semantik vermeidet jegliche interne Probleme durch Gleichzeitigkeit innerhalb eines einzelnen Zustandsautomaten. Es werden somit keine Threads für die Verarbeitung eingesetzt, sondern es findet eine sequentielle Verarbeitung statt.

Mikroschritt im Englischen *microstep*, kann die aktuelle Konfiguration ändern, das Datenmodell aktualisieren und/oder neue (interne und/oder externe) Ereignisse erzeugen. Dies wiederum kann kausal bedingt zusätzliche Zustandsübergänge ermöglichen, die im nächsten Mikroschritt in der Sequenz behandelt werden, und so weiter.

Makroschritt im Englischen *macrostep*, besteht aus einer Sequenz von Mikroschritten, an deren Ende sich die Zustandsmaschine in einem stabilen Zustand befindet und bereit ist, ein externes Ereignis zu verarbeiten. Jedes externe Ereignis veranlasst eine SCXML-Zustandsmaschine, genau einen Makroschritt auszuführen.

3 Übersicht über bestehende Implementierungen von SCXML

In diesem Kapitel wird beschrieben, welche grafischen Editoren für SCXML existieren und mit welcher Programmiersprache es eingesetzt werden kann. Außerdem wird aufgeführt mit welchen Technologien SCXML umgesetzt wurde und wie es verwendet werden kann. Dabei gibt es prinzipiell zwei Ausführungen der Verwendung: entweder wird das SCXML-Dokument zur Laufzeit eines Programms interpretiert, oder man kann es in lauffähigen Quelltext einer Programmiersprache übersetzen lassen (mittels eines Compilers/Transpilers wird der Zustandsautomat mit all seinen Zuständen und Übergängen zusammen mit der Ausführungslogik in die jeweilige Zielprogrammiersprache übersetzt).

Implementierungen gibt es folgende: Der SCXML Standard des W3C beschreibt einen Algorithmus für eine mögliche Implementierung. Neben diesem gibt es einige, die SCXML in unterschiedlicher Ausprägung anbieten. Es existieren Implementierungen für EcmaScript (bekannt als JavaScript), Java, C++ , Python, Lua und C#. All diese werden als aktive Open Source-Projekte geführt und sind in der Regel kleine Projekte mit einer Person als Initiator. Größter und auch einziger kommerzieller Anbieter ist [The Qt Company, 2018], deren Umsetzung von SCXML innerhalb des Qt Frameworks in diesem Paper genauer untersucht wird. Neben dem grafischen Editor für SCXML von Qt gibt es aktuell aktiv nur noch einen anderen grafischen Editor als Eclipse Plugin [scxmlgui, 2017] realisiert (als Bestandteil des Open Source Projektes von Apache Commons). Anbieter von grafischen Editoren für State Chart UML und Alternativen zu SCXML aus dem Bereich Model Driven Development wurden nicht berücksichtigt.

Tabelle 1 zeigt eine Übersicht über die verschiedenen Implementierungen und deren wichtige Merkmale.

Weiterhin gibt es eine Untersuchung zu der Performance der jeweiligen Implementierung von SCXML. Die Autoren von uSCXML haben eine Benchmark für alle bekannten SCXML Implementierungen am 13.07.2017 veröffentlicht [tklabtud, 2017].

Tabelle 1: Übersicht über bestehende Implementierungen von SCXML. Größter und auch einziger kommerzieller Anbieter ist The Qt Company mit seiner Implementierung in Qt.

Name	Sprache	Version und Lizenz	Beschreibung
uSCXML	C++ Java C# Python Lua	v3.2 1.08.2017 BSD-2-Clause	Ist ein SCXML-Interpreter und Transpiler/Compiler in C++ geschrieben. Übersetzt laut Anbieter von SCXML nach ANSI-C und VHDL (u. a. für Arduino) sowie in weitere Sprachen. W3C IRPtests des Anbieters zeigen Grad der Kompatibilität zu SCXML [uSCXML, 2017].
scxmlcc	C++	v0.8.5 5.06.2017 GNU GPL v3	Leichtgewichtige STL Umsetzung in C++ laut Anbieter. Kompatibilität: Nicht vollständig umgesetzt wurden parallele Zustände und history states [scxmlcc, 2017].
Apache Commons SCXML	Java	v0.9 und v2.0 11.12.2017 Apache License 2.0	Die aktuelle Implementierung steht kurz vor der Fertigstellung für ein erstes 2.0-Release. Diese Version ist nahezu 100 % konform mit SCXML laut Anbieter [Apache Commons SCXML, 2017].
SCION	JavaScript	v3.1 10.04.2017 Apache License 2.0	Kompatibilität: Nahezu 100 % konform mit dem SCXML Interpretationsalgorithmus laut Anbieter [SCION, 2017].
LXSC	Lua	v0.12.1 30.06.2015 MIT License	Ist ein Interpreter und erlaubt die Verwendung eines Lua-Datenmodells. Nahezu 100 % konform mit dem SCXML Interpretationsalgorithmus laut Anbieter [LXSC, 2015].
Qt	C++	v5.10 7.12.2017 u. a. GNU GPL v3	Kommerzieller Anbieter. Kompatibilität: Nahezu 100 % konform mit SCXML laut Anbieter [Qt SCXML, 2017].

4 Untersuchung des Qt SCXML Moduls und dessen Integration in Qt Creator

Für dieses Paper wurden die zum Zeitpunkt der Erstellung aktuellen Versionen untersucht: Qt 5.10 mit Qt Creator 4.5.

4.1 Unterstützungshistorie

Die IDE Qt Creator ab Version 4.2 enthält einen grafischen Editor für SCXML, der aber bislang als experimental markiert ist [Ziller, 2016]. Das Modul Qt SCXML des Qt Frameworks wurde mit Qt 5.7 als Vorschau veröffentlicht und ist seit Qt 5.8 offizieller Bestandteil mit stabiler API . Es baut direkt auf das Qt Statemachine Framework auf (aber mit verschiedenen Implementierungsdetails). Das Qt Statemachine Framework bietet eine Unterstützung für die Entwicklung von Zustandsautomaten seit Qt 4.6 [aportale, 2017].

4.2 Abgrenzung von Qt SCXML zu älterem Qt Statemachine Framework

In der offiziellen Dokumentation von Qt wird beschrieben, was den Unterschied ausmacht: Das Qt SCXML-Modul unterscheidet sich vom State Machine Framework im Qt Core-Modul dadurch, dass Qt SCXML einen konformen Prozessor zur Verfügung stellt, der konforme SCXML-Dokumente parsen und verarbeiten kann. In Qt SCXML werden Zustandsautomaten aus separaten SCXML-Dateien gelesen und in Qt-Anwendungen integriert, indem die Klasse `QScxmlStateMachine` instanziiert und eine SCXML-Datei dynamisch geladen wird oder indem der Qt SCXML Compiler verwendet wird, um eine Unterklasse von `QScxmlStateMachine` zu erzeugen, die instanziiert wird. Die Kommunikation mit dem SCXML-Dokument erfolgt über die Signals und Methoden der Klasse `QScxmlStateMachine` [Offizielle Qt SCXML Dokumentation, 2017].
Das ältere Qt Statemachine Framework wird in der offiziellen Dokumentation wie folgt beschrieben: Das Statemachine Framework stellt Klassen für die Erstellung und Ausführung von Zustandsgraphen zur Verfügung. Die Konzepte und Notationen basieren auf denen aus Harels Statecharts: Ein visueller Formalismus für komplexe Systeme, der auch die Grundlage für UML-Zustandsdiagramme bildet. Die Semantik der Ausführung von Zustandsautomaten basiert auf SCXML [Qt Statemachine Framework Dokumentation, 2017].
Das Quelltextbeispiel 1.2 zeigt wie ein Zustandsgraph innerhalb des Statemachine Framework erstellt werden kann.

Listing 1.2: Statemachine Framework: Das Beispiel verdeutlicht wie Zustände und Zustandsübergänge per Programmcode miteinander verknüpft werden müssen [Qt Statemachine Framework Dokumentation, 2017].

```
QState *s1 = new QState();
QState *s11 = new QState(s1);
QState *s12 = new QState(s1);
```

```
QState *s13 = new QState(s1);
s1->setInitialState(s11);
machine.addState(s1);
QFinalState *s2 = new QFinalState();
s1->addTransition(quitButton, SIGNAL(clicked()), s2);
machine.addState(s2);
machine.setInitialState(s1);
```

Laut Aussage in einem Vortrag des Qt Senior Software Engineer Ulf Hermann auf der Qt World Summit 2016 ist im älteren Statemachine Framework jeder Zustand ein echtes `QObject` während der Ausführung und skaliert (er nennt Systeme mit mehreren 1000 Zuständen) daher schlechter als das neuere SCXML Modul hinsichtlich Speicherverbrauch und Ausführungsgeschwindigkeit [QtWS16 ab Minute 37:10s, 2016]. Außerdem sagt er, dass beide Varianten nicht zu 100 % zueinander kompatibel sind, da beide Systeme jeweils Möglichkeiten bieten, die im jeweiligen anderen System nicht vorkommen. Dennoch beschreibt er viele Gemeinsamkeiten und empfiehlt für neue Anwendungen SCXML und für alte Anwendungen eine Konvertierung nach SCXML.

Ein objektiver Vorteil von Qt SCXML gegenüber dem älteren Statemachine Framework ist die Unterstützung des kommenden Standards SCXML und die Möglichkeit Zustandsdiagramme grafisch schnell modellieren zu können. Abbildung 2 zeigt den grafischen Editor des Qt Creator mit einem geöffnetem SCXML Dokument.

Das Statemachine Framework kann auch für QML-Anwendungen verwendet werden. Für QML gibt es eine entsprechende Unterstützung, das auf SCXML basiert, um die Elemente und Semantik von Zustandsdiagrammen in QML-Anwendungen einzubetten [QML Statemachine, 2016].

4.3 Abgrenzung von Qt SCXML zu QML States

Für Benutzeroberflächen mit mehreren visuellen Zuständen, unabhängig vom logischen Zustand der Anwendung, sollte laut Qt Dokumentation die Verwendung von QML-Zuständen und mit Zustandsübergängen in Betracht gezogen werden [QML States, 2016]. In QML sind Zustände eine Menge von Eigenschaftskonfigurationen, die in einem Zustandselement definiert sind.

Diese Implementierung ist dazu gedacht Animationen und Eigenschaftsänderungen von grafischen Elementen innerhalb eines QML-Dokuments zu steuern, nicht aber um die Verhaltenslogik für Anwendungen im Ganzen zu steuern. Im Quelltextbeispiel 1.3 wird ein Rechteck mit zwei Farben definiert. In welcher Farbe das Rechteck angezeigt wird, hängt vom festgelegten Zustand ab.

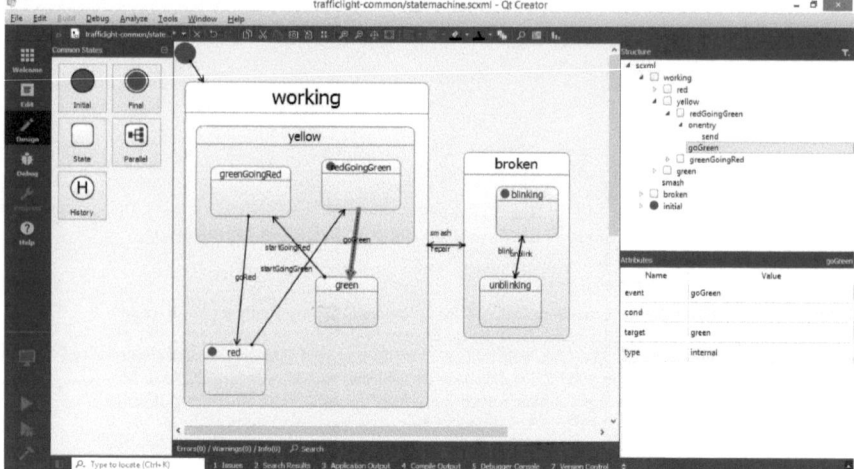

Abb. 1: Die IDE Qt Creator mit dem grafischen Editor für SCXML mit einem geöffneten SCXML Dokument. Das Beispiel zeigt ein Zustandsdiagramm für eine Verkehrsampel. Links verfügbare Symbole für das Zustandsdiagramm. In der Mitte das zu erstellende Zustandsdiagramm. Rechts Eigenschaften der platzierten Elemente für die Attribute gesetzt werden können [Ziller, 2016].

Listing 1.3: Beispiel in QML: Deklarative Angaben zu Eigenschaften und Zuständen. Eigenschaftsänderungen werden abhängig vom Zustand definiert [QML States, 2016]. Das Rechteck wird in der Farbe abhängig vom Zustand angezeigt: in Grün, wenn der normale Zustand aktiv ist oder in Rot, wenn der kritischer Zustand aktiv ist.

```
Rectangle {
    id: signal
    width: 200; height: 200
    state: "NORMAL"

    states: [
        State {
            name: "NORMAL"
            PropertyChanges { target: signal; color: "green"}
        },
        State {
            name: "CRITICAL"
            PropertyChanges { target: signal; color: "red"}
        }
    ]
}
```

10

4.4 Anwendung von Qt SCXML

Die Einsetzbarkeit von SCXML für die zwei unterschiedlichen GUI Technologien von Qt ist gegeben. Sowohl Bestandteile des Moduls Widgets als auch Bestandteile von QML können einfach mit SCXML verknüpft werden [Qt Documentation Instantiating State Machines, 2017]. Im folgenden Abschnitt wird exemplarisch die Verwendung von SCXML anhand des Moduls Widgets erläutert.

QScxmlStateMachine Die Klasse `QScxmlStateMachine` bietet eine Schnittstelle zu einem Zustandsautomaten, der aus einer SCXML-Datei erstellt wurde.

connectToState Ermöglicht es C++ Anweisungen in einer Quelltextdatei mit einem Zustand zu verknüpfen, die ausgeführt werden sollen, sobald ein Zustand aktiv oder inaktiv wird. Für die Unterscheidung, ob aktiv oder inaktiv, wird jeweils ein Parameter vom Typ `bool` übergeben. Welcher Zustand verknüpft werden soll, muss mit einem Zustandsnamen vom Typ `QString` definiert werden. Das Quelltextbeispiel 1.4 zeigt eine mögliche Verwendung.

11

Listing 1.4: Beispiel für `connectToState`: Verknüpfung von C++ Anweisungen zu einem Zustand.

```
// machine ist vom Typ QScxmlStateMachine
machine->connectToState("Zustandsname", [this] (bool b) {
    if (b){ // entspricht <onentry><script> in einem <state>
    // weitere C++ Anweisungen
    } else { // entspricht <onexit><script> in einem <state>
    // weitere C++ Anweisungen
    }
});
```

QVariant und QVariantMap Zum Datenaustausch von SCXML nach Widgets bzw. QML und umgekehrt wird der flexible Datentyp `QVariant` verwendet, welcher selbst ein `QVariantMap` beinhalten kann (siehe Quelltextbeispiel 1.6).

connectToEvent C++ Anweisungen in einer Quelltextdatei können damit mit einem Event verknüpft werden, die ausgeführt werden sollen, sobald ein Event eintritt. Der Event ist vom Typ `QScxmlEvent`, welcher ein `QVariant` (optional mit `QVariantMap`) als Inhalt mitführen kann. Welcher Event verknüpft werden soll, muss mit einem Eventnamen vom Typ `QString` definiert werden. Im Quelltextbeispiel 1.5 wird eine mögliche Verwendung vorgestellt. Es ist möglich unabhängig vom eingetretenen Event zu prüfen, ob ein Zustand aktiv ist oder nicht. Damit könnte situationsbedingt reagiert werden.

Listing 1.5: Beispiel für `connectToEvent`: Verknüpfung von C++ Anweisungen zu einem Event. `QVariantMap` wurde zur Datenübergabe verwendet.

```
// machine ist vom Typ QScxmlStateMachine
machine->
    connectToEvent("Eventname", [] (const QScxmlEvent &e){
    QVariantMap data = e.data().toMap();

    QVariant error = data.value("error");
    QVariant errorCode = data.value("errorCode");
    // weitere C++ Anweisungen
});
```

submitEvent Diese Methode übermittelt einen Event mit einem Eventnamen (vom Typ `QString`) an den Zustandsautomaten. Neben dem Eventnamen kann auch noch ein ein `QVariant` (optional mit `QVariantMap`) als Inhalt mitgegeben werden (siehe Quelltextbeispiel 1.6).

12

Listing 1.6: Beispiel für `submitEvent`: Der Aufruf wird verwendet um Daten aus einem oder zu einem Zustand zu übermitteln ähnlich einer Parameterübergabe bei einem Methodenaufruf. Als Datentyp wird das flexible `QVariantMap` verwendet. Diese Vorgehensweise entspricht `<send event=...>` mit Ausdrücken des C++ Datenmodell innerhalb eines SCXML-Dokuments.

```
QVariantMap data;

data.insert("error", "benutzerdefinierter_Fehlertext");
data.insert("errorCode", 12);

// machine ist vom Typ QScxmlStateMachine
machine->submitEvent("Eventname", data);
```

4.5 Qualität der Umsetzung von SCXML in Qt

In diesem Kapitel wird die Umsetzung von SCXML in Qt untersucht und bewertet.

Kompatibilität zum SCXML Standard Unter [Qt SCXML Compliance, 2017] wird beschrieben, welche Abweichungen vom Standard in Qt SCXML vorkommen.

Zur Feststellung, ob die Spezifikation des Standards erfüllt werden, hat das W3C Tests veröffentlicht [Jim Barnett, Genesys, 2017]. Inwieweit diese von Qt erfüllt werden, konnte in der offiziellen Dokumentation von Qt nicht festgestellt werden. Ein Autor von Commons SCXML bewertet diese Tests nicht als formale (vollständige) Spezifikationskonformitätsprüfung [Ate Douma, 2017].

Laut [Matthew Kraus, 2017] und einem Bugreport [QTBUG-1088, 2012] gibt es in der untersuchten Version keine Möglichkeit ein anderes SCXML-Dokument in einem SCXML-Dokument zu inkludieren und zu referenzieren, was vom Autor dieses Papers verifiziert wurde. Dennoch zeigt ein Beispiel des W3C diese Möglichkeit als Teil der Spezifikation [W3C, 2017].

Mindestkonfiguration für ein Qt Projekt mit SCXML Folgende Fragestellung wurde untersucht: Sind alle Arten von Qt Projekten mit entsprechender Projektkonfiguration in der Lage das Modul Qt SCXML zu nutzen? Die Antwort ist bedingt ja. Es gibt aber Abhängigkeiten beim Einsatz von SCXML. Entweder muss das Modul QML (`QT += qml`) oder das Modul Widgets (`QT += widgets`) Teil der Anwendung sein. Der Grund: SCXML benötigt eine QEventLoop, um korrekt zu funktionieren, welche beide Module von sich aus automatisch bereitstellen. Für nicht QML/Widgets Anwendungen muss explizit `QApplication::run` aufgerufen werden, um zu gewährleisten, dass SCXML korrekt abläuft [Qt Documentation Instantiating State Machines, 2017]. Ob es weitere Abhängigkeiten wegen der Unterstützung von JavaScript innerhalb von

13

SCXML gibt, konnte mit Hilfe der Qt Dokumentation nicht festgestellt werden. Ein Bugreport deutet aber auf eine Abhängigkeit hin [QTBUG-61960, 2017]. Auf Anfrage per Email wurde von Qt Senior Software Engineer Ulf Hermann bestätigt, dass QtQml im Moment eine harte Abhängigkeit ist, da diese die JavaScript-Engine enthält, die für das EcmaScript Datenmodell gebraucht wird.

Bugs in der aktuellen Implementierung von SCXML Es existieren mindestens zwei kritische nicht geschlossene Bugs während dieses Paper geschrieben wurde:

- Wenn ein history state in SCXML verwendet wird, sind einige IDs von Zuständen falsch [QTBUG-63336, 2017].
- Eine öffentliche API für aufgerufene Zustandsautomaten fehlt [QTBUG-58564, 2017], aber als Reaktion auf dieses Paper wurde ein Workaround veröffentlicht.

Folgende Abschnitte bewerten Anforderungen und unterteilen diese nach dem Kanomodell in Basisanforderungen, Leistungsanforderungen und Begeisterungsanforderungen.

Grafischer Editor für SCXML Folgende Basisanforderungen sind nicht erfüllt und erschweren den produktiven Einsatz:

- Es ist nicht möglich visuelle Kommentare im Modell zu platzieren.
- Es gibt keine Möglichkeit vom grafischen Element des Modells auf die entsprechende Quelltextstelle zu springen und vice versa.
- Bei der Festlegung des Zustandsübergangs im Eigenschaftsfenster (Attribut target), gibt es keine Vorauswahl für bestehende Zustände innerhalb des Modells, sondern muss ohne Hilfestellung eingegeben werden.

Folgende Leistungsanforderungen sind nicht erfüllt:

- Die Elemente <onentry> als auch <onexit> eines <state> werden nicht im Modell grafisch angezeigt.
- Es ist nicht möglich einzelne Elemente als Kommentar inaktiv zu setzen.
- Das Editieren des Tags <script> geht, aber nur als normale Texteingabe ohne die Eigenschaften eines Quelltexteditors (u. a. Syntax Highlighting und Code Completion).

Folgende Basisanforderungen sind erfüllt:

- Das Modell selbst kann in verschieden Detailstufen betrachten werden. Dazu gibt es eine Zoom-Möglichkeit.
- Es ist möglich beliebige viele Elemente gleichzeitig zu bearbeiten um deren Attribute zu setzen.
- Die Zustandsübergänge und deren Beschriftungen sind frei platzierbar um die Lesbarkeit durch Vermeidung von Überlagerungen zu erhöhen.

Folgende Leistungsanforderungen sind erfüllt:

- Zur besseren Ordnung und Gruppierung von Elementen werden Hilfslinien beim Platzieren von Elementen eingeblendet, die Abstände zu Nachbarelementen anzeigen.
- Zum besseren Verständnis wird beim Bewegen des Mauszeigers in der Strukturansicht das jeweilige Element rot umrandet in der Modellansicht hervorgehoben.
- Es ist möglich Zustandsübergangslinien mit beliebig vielen Wegpunkten festzulegen, um einen beliebigen Streckenverlauf von einem Zustand zum nächsten zu ermöglichen.

Insgesamt gesehen ist der grafische Editor produktiv einsetzbar, wenn man in so nutzt wie es von The Qt Company vorgeschlagen wird: Modellierung des Zustandsautomaten und dessen Verknüpfung mit C++ Quelltext außerhalb von SCXML [QtWS16 ab Minute 40:00s, 2016].

Quelltexteditor für SCXML Folgende Basisanforderungen sind nicht erfüllt und erschweren den produktiven Einsatz:

- Es gibt grundsätzlich kein Syntax Highlighting für C++ und JavaScript. Sinnvoll wäre es innerhalb des Tags `<script>` und innerhalb aller Stellen mit Bedingungen und Anweisungen der jeweiligen Programmiersprache.
- Code Completion für C++ und JavaScript wird nicht unterstützt.
- Bei Referenzierung von Elementen aus SCXML-Dokumenten innerhalb eines C++ der QML-Dokuments gibt es keine Code Completion, außer für QML, aber nur wenn das SCXML-Dokument statisch eingebunden wird. Dabei muss immer manuell die aktuelle Version kompiliert werden, damit etwaige Quelltextänderung eines SCXML-Dokuments berücksichtigt werden.
- Es gibt keine Strukturübersicht des SCXML-Dokuments, die alle Zustände anzeigt und schnelles Navigieren ermöglicht.

Als Rückweisungsmerkmale sind zu nennen:

- Bei aktiviertem Plugin des grafischen Editors für SCXML, ist der Quelltexteditor für SCXML-Dokumente immer nur im Lesemodus geöffnet und erlaubt kein Editieren.
- Innerhalb eines SCXML-Dokuments werden die Layoutinformationen des grafischen Editors innerhalb der einzelnen Tags gespeichert. Dies erschwert die Lesbarkeit deutlich.
- Bei der Verwendung von validem Quelltext für C++ oder JavaScript innerhalb eines SCXML-Dokuments muss entsprechend der Spezifikation von XML für bestimmte Zeichen folgendes beachtet werden: Es müssen Escape Codes verwendet werden (z. B. für & oder "), was die Lesbarkeit des Quelltextes erschwert sowie die Produktivität senkt.

Folgende Basisanforderungen sind erfüllt:

- Syntax Highlighting für XML.
- Der Texteditor bietet Code Folding um schnelles Überfliegen im Quelltext zu ermöglichen.

Der Quelltextteditor für SCXML ist nicht produktiv nutzbar, wenn gleichzeitig der grafische Editor für SCXML verwendet wird. Soll ein C++ Datenmodell verwendet werden, ist durch oben genannte Defizite nur eingeschränktes effizientes Arbeiten damit möglich, unabhängig davon ob das Plugin des grafischen Editors in Qt Creator aktiviert wurde.

SCXML Validierung Folgende Basisanforderungen sind nicht erfüllt und erschweren den produktiven Einsatz:

- Fehler (semantische oder syntaxbedingte) innerhalb des Tags `<script>` und innerhalb aller Stellen mit Bedingungen und Anweisungen in C++ werden angezeigt, aber nicht im SCXML-Dokument, sondern im generierten Quelltext des Zustandsautomaten, was die Fehlerkorrektur erschwert.

Folgende Basisanforderungen sind erfüllt:

- Während der Kompilierung wird nicht überprüft, ob referenzierte Eventnamen im SCXML-Dokument existieren, was aber auch der Intention entspricht, denn Ereignisse könnten auch außerhalb des SCXML-Dokuments bearbeitet werden.
- Der SCXML-Compiler überprüft, ob referenzierte Zustände (`<transition target=...>`) tatsächlich in einem SCXML-Dokument existieren.

Bei der Referenzierung eines SCXML-Dokuments durch C++ ist man selbst verantwortlich als Entwickler, dass alle gewünschten Zustände und Ereignisse tatsächlich im SCXML-Dokument existieren. Dafür gibt es keine automatische Prüfung.

SCXML Debugging Folgende Basisanforderungen sind nicht erfüllt und erschweren den produktiven Einsatz:

- Es ist nicht möglich innerhalb des Tags `<script>` und innerhalb aller Stellen mit Bedingungen und Anweisungen in C++ oder JavaScript ein *Inline-Debugging* durchzuführen.

Folgende Begeisterungsanforderungen sind nicht erfüllt:

- Es gibt keinen visuellen Debugger, der es erlauben würden, während der Ausführung der Anwendung aktive Zustände und ablaufende Zustandsübergänge grafisch im Modell zu animieren und anzuzeigen.

Folgende Basisanforderungen sind erfüllt:

- Es ist möglich Ausdrücke oder Anweisungen des C++ Datenmodells innerhalb eines SCXML-Dokuments zu platzieren. Weiterhin ist es möglich C++ Quelltexte außerhalb des SCXML-Dokuments durch das C++ Datenmodell zu referenzieren (z. B. einem Methodenaufruf), welche wiederum voll mit dem Debugger für C++ benutzt werden können.

16

Dokumentation und Beispiele für SCXML Die Dokumentation des Qt
SCXML Moduls beschreibt hauptsächlich die API-Aufrufe.

An offiziellen Beispielen gibt es: Calculator, Media Player, Pinball, Sudo-
ku, FTP, Invoke und Traffic Light. Bis auf Pinball sind es kurze und einfache
Beispiele [Qt SCXML Examples, 2017].

Grundsätzlich wird gezeigt wie QML und Widgets zusammen mit SCXML
verwendet werden kann. Außerdem gibt es ein Beispiel für die Verwendung eines
C++ Datenmodells. Traffic Light wird sowohl als dynamische als auch statische Variante beschrieben. Invoke zeigt ein zusammengesetztes SCXML. Pinball
verwendet parallele und zusammengesetzte Zustände.

Zum Zeitpunkt der Erstellung dieses Papers konnten keine weiteren Beispiele
im Internet für Qt gefunden werden (sei es von The Qt Company oder anderen
Entwicklern).

4.6 Vorteile und Nachteile der statischen und dynamischen Variante von SCXML

Ein Compiler übersetzt bei der statischen Variante das SCXML-Dokument in
ausführbaren C++ Quelltext der einen Zustandsautomaten anhand des Doku-
ments erzeugt. Bei der dynamischen Variante wird das SCXML-Dokument zur
Laufzeit des Programms interpretiert. Beide Varianten werden von Qt unterstützt [Qt SCXML Compiler, 2017] und unterscheiden sich nur minimal [Qt
Documentation Instantiating State Machines, 2017].

Statische Variante Die Vorteile der statischen Variante werden von The Qt
Company wie folgt beschrieben [Ulf Hermann, 2017]:

- Nur in dieser Variante kann man C++ (als Datenmodell) sowohl in Ausdrücken als auch für Anweisungen innerhalb des Tags `<script>` verwenden
  [QScxmlCppDataModel Documentation, 2017]

Des Weiteren werden folgende Vorteile der statischen Variante genannt:

- Man erhält Warnungen und Fehler über Probleme in dem SCXML-Dokument
  zur Übersetzungszeit und nicht zur Laufzeit.
- Die Kompilierung des SCXML-Dokuments erfolgt zur Übersetzungszeit, wo-
  durch das Laden des Zustandsautomaten beschleunigt wird.
- Man muss die SCXML-Quelldatei nicht mit der Anwendung weitergeben,
  daher gibt es keine Möglichkeit, dass SCXML-Dateien beim Anwender ver-
  wechselt werden und damit andere Zustandsmaschine versehentlich ausgeführt werden.

SCXML Compiler Pro SCXML-Dokument wird eine C++ Klasse erzeugt, die
von der Klasse `QScxmlStateMachine` erbt, welche von `QObject` erbt. Somit ist
eine so erzeugte C++ Klasse ein benutzerdefiniertes `QObject`. Für jeden Zustand
werden jeweils eine Codezeile `Q_PROPERTY(bool Zustandsname)` angelegt. Des

Weiteren werden Meta-Informationen zu verknüpfbaren Signals sowie ein Abschnitt zu `QScxmlExecutableContent` erzeugt. Die Namen der Zustände sowie Ereignisse sind als null terminierte Bytearrays in einem Array definiert. Zustände und deren Verknüpfungen mit Zustandsübergängen werden als `qint32` Array hinterlegt. Der vom Compiler erzeugte Quelltext deutet auf gute Performance bezüglich Geschwindigkeit und Speicherbedarf hin.

Dynamische Variante Der einzige Vorteil hier ist die größere Flexibilität, welches es erlaubt während die Anwendung läuft, dynamisch das SCXML zu erzeugen bzw. auszutauschen wie die Autoren von uSCXML beschreiben [uSCXML Documentation, 2017]. Innerhalb von Qt wird das Signal- und Slot-Konzept verwendet um Zustände mit Quelltexten zu verbinden, was auch zusammen mit der dynamischen Variante funktioniert [QScxmlStateMachine, 2017]. Als Einschränkung gilt nur, dass die Anweisungen einer C++ Klasse, die beim Erreichen eines Zustands ausgeführt werden sollen, zur Übersetzungszeit existieren müssen [Qt Quarterly, 2017]. Ereignisse werden bereits dynamisch über einen Methodenaufruf gesendet.

Die dynamische Variante hat als Nachteil einen erhöhten Ressourcenbedarf, welcher zu langsamerer Ausführungsgeschwindigkeit und zu einem erhöhten Bedarf an RAM führt [uSCXML Documentation, 2017].

4.7 Testen von SCXML-Dokumenten

In der Dokumentation von Qt gibt es keine Angaben zum Erstellen von Tests zu SCXML. Von [Kevin Krammer, ymoreau, 2017] werden zwei mögliche Varianten kurz vorgestellt, wie man einen Event an einen Zustandsautomaten basierend auf SCXML schickt, und nach einem Zeitraum die Zustandskonfiguration des Zustandsautomaten abfragt und mit dem gewünschten Ergebnis vergleicht.

4.8 Validierung von SCXML-Dokumenten

Es gibt keine Angaben zum Validieren von SCXML-Dokumenten in der Dokumentation von Qt, die mit dem Quelltexteditor in Qt Creator oder extern erstellt wurden, aber sie beschreibt eine Methode, die Informationen über Fehler beim Parsen des SCXML-Dokuments liefert [QScxmlStateMachine Parse Error, 2017]. Einer der Autoren von uSCXML [sradomski, 2017] beschreibt, welche Eigenschaften eines SCXML-Dokuments validiert werden müssten.

4.9 Fazit zum Entwicklungsstand des Moduls Qt SCXML und der IDE Qt Creator hinsichtlich SCXML

Bereits die aktuelle Umsetzung von SCXML in Qt ist von guter Qualität, die für den Produktiveinsatz sicherlich ausreicht. Insbesondere der vom Compiler erzeugte Quelltext für Zustandsautomaten deutet auf gute Performance bezüglich Geschwindigkeit und Speicherbedarf hin. Wünschenswert wäre eine Verbesserung des grafischen Editors wie in Kapitel 4.5 beschrieben.

Dem Autor dieses Papers ist aufgefallen, dass ein gleichzeitiges Editieren eines SCXML-Dokuments mit Hilfe des grafischen Editors und Quelltexteditors von den Entwicklern nicht gewünscht wird. Durch diesen Verzicht werden die jeweiligen Vorteile von visuellen und textuellem Editieren nicht genutzt, es erfolgt eine Einschränkung der Usability. In anderen Entwicklungsumgebungen wurde dieses Konzept erkannt und umgesetzt (siehe Layouteditor für XML-Dokumente in [Google Android Studio, 2017]).

In diesem Zusammenhang wäre die Implementierung der bestehenden Merkmale eines vollständigen Quelltexteditors wichtig (siehe Kapitel 4.5).

Qt SCXML ermöglicht bereits in der aktuellen Version eine klare Trennung zwischen der Anwendungslogik mit SCXML mit Signals mit Slots und der Implementierung der restlichen Anwendung (wie z. B. der Benutzerschnittstelle durch die Verwendung von QML oder Widgets).

5   Praxisbeispiel zur Untersuchung der Anwendbarkeit von SCXML als Verhaltenslogik zur Steuerung einer Qt Anwendung

Ziel des Praxisbeispiels soll es sein, herauszufinden inwieweit man die Unterstützung von Qt SCXML als Modul und dessen grafischen Modellierungstool in Qt Creator produktiv nutzen kann, trotz der im vorigen Kapitel geschilderten Schwächen der aktuellen Implementierung. Außerdem möchte dieses Kapitel zeigen welche Vorteile und Nachteile damit einhergehen. Benutzt wird kein C++ Datenmodell und auch kein JavaScript innerhalb des SCXML-Dokuments. Es sind somit keine C++ Anweisung oder Ausdrücke direkt im SCXML-Dokument verwendet.

Als Vorlage für die Beispielimplementierung einer Verhaltenssteuerung dient eine Android App, die von dem Autor dieses Papers während des Kurses „Projekt Systementwicklung II" an der Hochschule Darmstadt entwickelt wurde [Schütte, 2017].

Mit dieser App ist es möglich Dateien mit einem Cloudspeicher auszutauschen. Dabei werden verschiedene Zustände innerhalb der Anwendung nur implizit verwendet um die richtigen Anzeigen, Ausgaben und Eingaben zu ermöglichen. So gibt es z. B. eine Upload- und Downloadfunktionalität. Um sich einloggen zu können benötigt die App einen privaten Schlüssel, der durch Scannen eines QR Codes eingegeben wird.

Diese App wurde ohne SCXML und State Chart UML entwickelt und enthält implizit Zustände und eine damit verbundene Verhaltenslogik [Bernd Nötscher, 2018a].

5.1 Untersuchung einer möglichen Implementierungen innerhalb des bestehenden Java-Quelltextes für Android

Im ersten Schritt wurden die einzelnen Abläufe und Zustände der Anwendung ermittelt und im Java-Quelltext markiert. Zum einen wurden Stellen ausgemacht, die Ereignisse zu SCXML senden sollen (siehe Kapitel 4.4 mit submitEvent), zum anderen wurden Anweisungen identifiziert, die zur Ausführung kommen sollen, wenn ein bestimmter Zustand erreicht wurde (siehe Kapitel 4.4 mit connectToState). Parallel dazu, wurde ein SCXML-Dokument visuell in Qt Creator anhand des grafischen Editors entworfen, welche die markierten Stellen reflektiert. Der grafische Entwurf des SCXML-Dokuments wird in Abbildung 3 gezeigt. Das Quelltextbeispiel 1.7 zeigt einen Ausschnitt aus dem original Java-Quelltext der Android App.

Listing 1.7: Beispiel aus MainActivity.java, Ausschnitt aus der Methode onCreate: Der original Java-Quelltext für Android wurde mit zu ändernden Stellen markiert, zum einen um Ereignisse zu senden, zum anderen um Zustände zu definieren [Bernd Nötscher, 2017].

```
if (Login.isPrivateKeyAvailable()) {
/*SCXML stateMachine->submitEvent("hasPrivateKey"); */

/*SCXML
  stateMachine->connectToState("readyToLogin"){ */

  // Folgendes im Zustand:
  // connect and load
  ...

} else {
/*SCXML stateMachine->submitEvent("noPrivateKey"); */

/*SCXML
  stateMachine->connectToState("readyToScanQRCode"){ */

  // Folgendes im Zustand:
  // ask for qrcode scanning
  ...
}
```

5.2 Ergebnis und weitere Vorgehensweise

Durch die Übersicht der grafischen Modellierung wurden sofort Schwachstellen in der bestehenden Implementierung sichtbar.

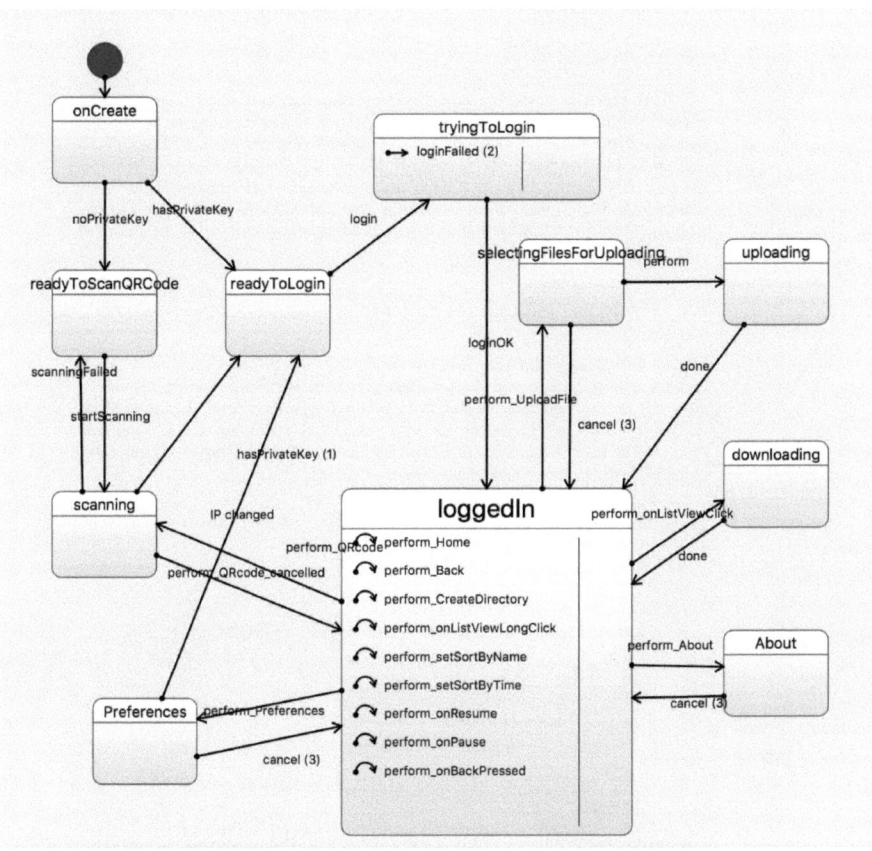

Abb. 2: Modellierung der Zustände, Zustandsübergänge und Ereignisse innerhalb der untersuchten Android App. Bei der Untersuchung wurden Stellen mit Wiederholungen von Anweisungen gefunden(1), außerdem fehlende Zustände bei der Ausführung ausgemacht (2), sowie implizite Zustandsübergänge sichtbar (3).

Ein UML statechart, welches begleitend zur App während der Designphase entwickelt worden wäre, hätte das gleiche Ergebnis gebracht. Entsprechend hätte man die Anwendung und deren Zustände berücksichtigen können. Die Schwierigkeit bleibt aber das UML statechart Modell mit dem Quelltext zu synchronisieren. Als Lösung bietet sich dazu eine Implementierung mittels SCXML an, welches als State Chart Modell genutzt wird, aber gleichzeitig auch Teil der Implementierung ist. Wie genau das funktionieren könnte, wird im nächsten Abschnitt beschrieben.

5.3 Portierung nach Qt als Prototyp

Listing 1.8: Beispiel für den Zustand **scanning**: Der Scanvorgang wird durchgeführt und abhängig von dessen Ergebnis wird ein Event verschickt um in einen neuen Zustand zu kommen. Bei einem erfolgreichen Scanvorgang wird die Zustandsvariable **sPrivateKey** vorher gesetzt. Diese Vorgehensweise entspricht **<state><onentry><script>** mit Anweisungen des C++ Datenmodell innerhalb eines SCXML-Dokuments [Bernd Nötscher, 2018b].

```
machine->connectToState("scanning", [this] (bool b) {

    if (b){ // <onentry><script>

        // Scanner GUI + QRcode
        bool bSuccess = (new QRCode())->scanQRCode();

        if (bSuccess) {

            // pseudo code
            sPrivateKey = "someKeyReadFromQRCode";

            machine->submitEvent("scanningSucceeded");
        } else {
            machine->submitEvent("scanningFailed");
        }
    } else { // <onexit><script>

    }

});
```

Im zweiten Schritt wurde ein Prototyp mit den entsprechenden Ansichten der App in Qt als minimalistische Widget-basierte Anwendung nachgebaut, die auch mit den entsprechenden grafischen Steuerelementen ausgestattet ist um die Ereignisse auszulösen um damit die verschiedenen Zustände erreichen zu können. Alle Verhaltenslogik wurde zentral in einer Datei gespeichert (**SCXML.h**) um die Speicherung innerhalb eines SCXML-Dokuments zu simulieren. Diese Datei enthält alle Slot-Methoden, die mit den Zuständen des SCXML-Dokuments verbunden werden. Im Quelltextbeispiel 1.4 wird eine entsprechende Slot-Methode mit Lambda-Anweisung definiert. Die Anweisungen dieser Methoden müssten eigentlich in einem SCXML-Dokuments innerhalb eines `<state>` `<onentry>` als `<script>` als C++ Quelltext platziert werden (als C++ Datenmodell des SCXML-Dokuments). Wegen der gravierenden Nachteile einer Platzierung innerhalb von SCXML in der bestehenden Umsetzung in Qt (siehe Kaptitel 4.5), wurden diese in oben genannter Datei ausgelagert. Dadurch ist es aber nötig jeden Zustand des SCXML mit einer vorher zu erstellenden Slot-Methode in einer C++ Datei zu verknüpfen. Es wird empfohlen die Reihenfolge der `connectToState` Aufrufe der Struktur des SCXML-Dokuments anzugleichen.

Weiterhin sind in dieser Datei Variablen definiert, die Teil der Verhaltenslogik sind aber nicht als Zustände modelliert werden sollen um die Komplexität nicht unnötig zu erhöhen (und hiermit als erweiterte Zustände zentral abgelegt sind): Für den Verbindungsaufbau wird ein Private Key und eine URL benötigt, für die Anzeige des Verzeichnisses ein Verweis auf das aktuelle Verzeichnis und dessen Sortierung. Als weiteren Aspekt ist die verbesserte Kohäsion durch die zentrale Speicherung der Variablen zur Verhaltenslogik in dieser Datei zu nennen. Das System ist somit aufgeteilt in Komponenten, die der Anzeige dienen und Ereignisse als Folge von Eingaben durch den Benutzer an SCXML weitergeben, Komponenten, die Berechnungen und allgemeine Funktionalität beinhalten (z. B. Bereitstellung von Diensten wie Uploadfunktionalität) und der Steuerungskomponente SCXML, die eingehende Ereignisse verarbeitet, den Zustand der Anwendung automatisch bestimmt und zentral definiert, welche Anweisungen in jeweiligem Zustand ausgeführt werden sollen (indem C++ Anweisungen in der SCXML.h Datei dafür verwendet werden).

5.4 Ergebnisse des Prototyps

Nur explizit definierte Zustände und Zustandsübergänge werden durch die Anwendung von SCXML erlaubt. Unberücksichtigte Ereignisse, führen zu keiner Zustandsänderung. Des Weiteren sind die einzelnen Komponenten nur noch lose über den Eventaufruf bzw. den Slots gekoppelt. Einem Aufruf von oder nach SCXML kann eine beliebige Anzahl von Argumenten mit dem Datentyp `QVariant` mitgeben werden und garantiert somit entsprechende Flexibilität bei der Datenübergabe zwischen den einzelnen Zuständen.

Vorteile Durch die Trennung der Verhaltenslogik, die bestimmt in welcher Reihenfolge unter welcher Bedingung reagiert wird, wird im restlichen Quelltext eine Vermischung mit anderen Aufgaben des Programms an der jeweiligen Stelle vermieden und die Lesbarkeit des Quelltextes erhöht. Nachträgliche Änderungen werden dadurch vereinfacht, was die Wartbarkeit der Komponenten erhöht und die Wartbarkeit des Programms ingesamt erhöht. Die Entscheidung die Zustände in einer separaten Quelltextdatei (`SCXML.h`) zu implementieren, erlaubt es

Verhaltenslogik mit Hilfe des voll entwickelten Quelltexteditors von Qt Creator für C++ zu entwickeln, der produktive Merkmale besitzt wie Syntax Highlighting, Code Completion, Code Strukturansichten-/verfolgbarkeit, sowie Compiler Error und Warnings (zeilengenau) beim Kompilieren. Ein weiterer Vorteil ist, dass man den vollfunktionsfähigen Debugger für C++ verwenden kann (und so zum Beispiel Breakpoints in den Slots setzen kann, die ausgelöst werden sollen, wenn ein bestimmter Zustand erreicht wird).

Ein erhöhter Entwicklungsaufwand bei Entwicklung des Prototypen durch SCXML konnte nicht festgestellt werden. Insgesamt hat die Entwicklung des Prototypen sieben Stunden gedauert.

Nachteile Nachteile der Verwendung von SCXML sind eine weitere Abhängigkeit durch Nutzung eines weiteren Moduls von Qt und dessen korrekte Implementierung. Wie bereits im vorigen Kapitel 4.5 erwähnt, muss für eine Nutzung von SCXML, eine Qt Anwendung entweder das QML Modul oder das Widgets Modul als Abhängigkeit definieren, ansonsten muss sichergestellt werden, dass durch expliziten Aufruf die EventLoop von Qt ausgeführt wird. Weiterhin führt die Nutzung der Ereignisse und Slots verbunden mit `QVariant`-Datentypkonvertierung zu Performanceeinbußen, welche je nach Anwendung berücksichtigt werden müssten.

Verwendetes SCXML Für den Prototypen wurden nur die Tags `<state>` und `<transition>` innerhalb des SCXML-Dokuments benötigt und mit dem grafischen Editor erstellt. Andere Tags eines SCXML-Dokuments im Sinne dieser Untersuchung wurden nicht gebraucht. Durch die Verwendung von `submitEvent` und `connectToState` in C++ wurden folgende Tags semantisch implizit verwendet: zum einen `<send event...>` und zum anderen `<onentry>` mit `<script>` innerhalb eines `<state>`. Es wurde kein C++ Datenmodell benötigt.

Dynamische Variante möglich Bei dieser Trennung von C++ Anweisungen von SCXML ohne explizite Verwendung von C++ Anweisungen innerhalb des SCXML-Dokuments wäre prinzipiell die Verwendung des SCXML Interpreters von Qt möglich um Anwendungsfälle abzudecken, die einen Interpreter benötigen (z. B. dynamische SCXML Quelltexterzeugung).

Ausblick Zukünftige Versionen von Qt Creator bzw. Qt SCXML könnten oben genannte Nachteile ausgleichen. Eine separate `SCXML.h` würde dann keine Vorteile mehr bieten, sondern wäre von Nachteil, da zusätzliche Slots und Anweisungen für jeden Zustand definiert werden müssten. Außerdem sieht der SCXML Standard ausdrücklich Anweisungen für die Verhaltenslogik innerhalb des SCXML-Dokuments für das Tag `<script>` vor.

5.5 Diskussion und Bewertung zur Anwendbarkeit von SCXML mit Qt

Teile der Anwendungslogik können wie in der Dokumentation von Qt beschrieben durch eine SCXML-Datei ersetzt werden.

Trotz der oben genannten Einschränkungen erleichtert die Verwendung des grafischen Editors die Modellerzeugung, und ermöglicht bereits produktives Arbeiten (zusammen mit der Implementierung von Slots im Quelltext).

Eine Trennung von Ereignisse und Zuständen wäre auch ohne SCXML möglich. Der Vorteil durch die Verwendung von SCXML liegt aber in der Kombination von Entwurf des Modells grafisch innerhalb des Qt Creator als Zustandsautomaten (dort werden explizit die Zustandsübergänge definiert) ähnlich UML statechart, welches auch noch als SCXML abgespeichert wird (der zukünftige Standard des W3C zur Verhaltenslogik). Gleichzeitig dient SCXML als vorgefertigtes Modul mit dessen Hilfe Ereignisse und Zustände strukturiert verarbeitet werden. Weiterhin formalisiert dieser Ansatz den Aufbau der Anwendung, denn Änderungen im Modell müssen im Quelltext nachbearbeitet werden und umgekehrt. Dadurch ist sichergestellt, dass das Modell zur Kommunikation mit den Stakeholdern als auch für die Entwickler immer aktuell ist. Durch die Nutzung des grafischen State Chart Modells als aktiven Teil mit Anwendungslogik gehört SCXML zu Model Driven Development.

Das in diesem Kapitel gezeigte Vorgehen wird durch eine Aussage in einem Vortrag des Qt Senior Software Engineer Ulf Hermann auf der Qt World Summit 2016 empfohlen:

"Wenn möglich nutzen Sie C++ Anwendungsteile außerhalb des SCXML-Dokuments zur Reaktion auf Ereignisse und Zustandsänderungen und versuchen Sie, den Zustandsautomaten sauber zu halten (ohne versteckte Zustände), denn dies widerspricht der Philosophie eines Zustandsautomaten."[QtWS16 ab Minute 32:24s, 2016]

Das bedeutet, es wird von ihm empfohlen den deklarativen Ansatz von SCXML zu nutzen und den imperativen Anteil außerhalb des SCXML-Dokuments zu definieren.

Außerdem meint der gleiche Entwickler, dass SCXML sich nicht für schnelles *Prototyping* und *Refactoring* eignen würde, da *Refactorierung* mit Zuständen zu aufwändig wäre [QtWS16 ab Minute 40:00s, 2016].

6 Zusammenfassung und Ausblick

In diesem Paper wurde untersucht inwieweit Qt SCXML sich für Model Driven Development eignet.

Qt SCXML eignet sich bereits jetzt für den produktiven Einsatz wie es in Kapitel 4 beschrieben wurde. Es lassen sich Qt Anwendung von einem Zustandsdiagramm heraus steuern ohne C++ Quelltext verwenden zu müssen. Andere

SCXML Implementierung zusammen mit Qt zu verwenden ohne das Qt SCXML Modul zu verwenden erachtet der Autor dieses Papers als nicht sinnvoll, da die Nachteile deutlich überwiegen würden. Insbesondere die übliche Verknüpfung mittels Signals und Slots in Qt würde bei der Verwendung von anderen SCXML Varianten wegfallen. Kapitel 5 verifiziert die Anwendbarkeit zur Verhaltenssteuerung in Qt anhand eines Praxisbeispiels. Durch die Verwendung von SCXML als deklarativen Anteil (wo Zustände und Zustandsübergänge definiert werden) und C++ als imperativen Anteil der Verhaltenslogik (wo Verhalten im Zustand definiert wird), wird klar getrennt zwischen 'Wann' etwas passieren soll und 'Wie' etwas passieren soll.

Dieser Ansatz ist auch schlüssig, da der bekannteste Vertreter einer deklarativen Sprache HTML mit CSS, bereits mit JavaScript (imperativ) als Kombination verwendet wird und vom W3C so standardisiert wurde. Selbst in Qt wird seit vielen Jahren im Zusammenhang mit QML eine Trennung in deklarative und imperative Elemente propagiert.

Die Verwendung von SCXML (als gebilligter W3C Standard) zur Modellierung der Verhaltenslogik während des Softwareentwicklungsprozesses für das Arbeiten mit komplexen Modellen wird empfohlen, wenn sich das Modell aus genau definierten Zustände aufbauen lässt. Auch die Modellierung bereits eingesetzter Systeme liefert ein tieferes Verständnis über ihr Verhalten.

Bei der Verwendung von SCXML wird das Design Pattern 'Interpreter' angewendet um die Komplexität in eine andere Sprache auszulagern. Zusätzlich ist SCXML dem Design Pattern 'State' überlegen, welche keine Zustandsübergänge berücksichtigt [Erich Gamma, 2015].

Basierend auf den Ergebnissen aus Kapitel 5 ist es sinnvoll, ein UML statechart oder besser noch ein SCXML-Modell einer Anwendung in der Anfangsphase seines Entwicklungszyklus sowie nach der Implementierung der Anwendung zu konstruieren. Darüber hinaus kann das Verhalten der Anwendung besser beobachtet werden und führt zusätzlich zu robusterer Software.

Model Driven Development nimmt in der Bedeutung zu, was Beispiele außerhalb von SCXML zeigen: zum einen das Xcode Storyboard für die Entwicklung von iOS Apps [Apple, 2018], und zum anderen ein Navigation Editor für Android als Prototyp von [Google, 2016].

Außerdem dürfte SCXML (als Standard des W3C) sich zur Speicherung als Dateiformat trotz seiner eingeschränkten Kompatibilität zu UML statechart als Standarddateiformat für Zustandsdiagramme etablieren (vergleichbar mit der Durchsetzung des Standards XML), da wesentliche Gemeinsamkeiten existieren. Inwieweit fehlende Layoutinformationen in SCXML die Verbreitung behindern werden, und ob es Erweiterungen in dieser Hinsicht geben wird, wird sich zeigen.

Es wäre zu wünschen, dass zukünftige Versionen von Qt, die in Kapitel 4 genannten Defizite verringern. Insbesondere die Möglichkeit produktiv innerhalb von SCXML mit C++ Quelltext entwickeln zu können, könnte die Bedeutung von Qt SCXML in Zukunft steigern. Dadurch könnte der deklarative Anteil von SCXML mit den besonders interessanten Merkmalen wie paralle und zusammengesetzte Zustände noch effizienter genutzt werden. Auf Anfrage per Email wurde von Qt Senior Software Engineer Ulf Hermann mitgeteilt, dass es wahrscheinlich keine Weiterentwicklung des grafischen Editors und oben genannter Schwächen durch The Qt Company in naher Zukunft geben wird.

Literaturverzeichnis

Apache Commons SCXML [2017]. Commons SCXML ist eine Implementierung in Java, `http://commons.apache.org/proper/commons-scxml/`. [zuletzt besucht 20.01.2018].

aportale [2017]. Qt SCXML und State Chart Support in Qt Creator, `http://blog.qt.io/blog/2017/01/23/ qt-scxml-state-chart-support-qt-creator/`. [zuletzt besucht 20.01.2018].

Apple [2018]. Xcode storyboard, `https://developer.apple.com/library/ content/documentation/General/Conceptual/Devpedia-CocoaApp/ Storyboard.html`. [zuletzt besucht 8.02.2018].

Ate Douma [2017]. Update and align documentation and site for the target 2.0 release, `https://issues.apache.org/jira/browse/SCXML-244?jql= project%20%3D%20SCXML%20AND%20status%20in%20(Open%2C%20%22In% 20Progress%22%2C%20Reopened)%20ORDER%20BY%20key%20DESC`. [zuletzt besucht 8.02.2018].

Bernd Nötscher [2017]. Achord Android App Quelltexte, `https://www. dropbox.com/s/vxqjxw6nna85dg3/AchordAndroidClientSourceCodes. zip?dl=0`. [zuletzt besucht 18.02.2018].

Bernd Nötscher [2018a]. Achord Android Dokumentation, `https://www. dropbox.com/s/amktkdsq0b3j9ug/AchorAndroidClient.pdf?dl=0`. [zuletzt besucht 18.02.2018].

Bernd Nötscher [2018b]. Quelltexte zu App Prototyp sortiert nach Qt, `https://www.dropbox.com/s/qlata33c0mxbwct/hauptseminar_scxml. zip?dl=0`. [zuletzt besucht 18.02.2018].

Dahl, D. A. [2017]. *Multimodal Interaction with W3C Standards*, Springer Verlag, Heidelberg, Deutschland.

Erich Gamma, Richard Helm, R. J. [2015]. *Design Patterns: Entwurfsmuster als Elemente wiederverwendbarer objektorienterer Software*, mitp Verlag, Frechen, Deutschland.

Gavin Kistner, C. N. [2014]. Developing user interfaces using scxml statechart, *Proceedings of the 1st EICS Workshop on Engineering Interactive Computer Systems with SCXML*, S. 12–18.

Google [2016]. Navigationeditor für android, `http://tools.android.com/ navigation-editor`. [zuletzt besucht 8.02.2018].

Google Android Studio [2017]. Build a ui with layout editor, `https:// developer.android.com/studio/write/layout-editor.html`. [zuletzt besucht 8.02.2018].

Harel, D. [1987]. *Statecharts: a visual formalism for complex systems*, Weizmann Institute of Science, Dept. of Computer Science, Rehovot, Israel.

Jim Barnett, Genesys [2017]. Scxml 1.0 implementation report, `https://www.w3.org/Voice/2013/scxml-irp/`. [zuletzt besucht 8.02.2018].

Kevin Krammer, ymoreau [2017]. How to test qt scxml state machines, `https://stackoverflow.com/questions/40677999/how-to-test-qt-scxml-state-machines`. [zuletzt besucht 8.02.2018].

LXSC [2015]. Die LXSC-Bibliothek ermöglicht SCXML-Zustandsautomaten in Lua, `https://github.com/Phrogz/LXSC`. [zuletzt besucht 20.01.2018].

Matthew Kraus [2017]. Splitting scxml over multiple xml files, `https://stackoverflow.com/questions/45756610/splitting-scxml-over-multiple-xml-files`. [zuletzt besucht 8.02.2018].

Offizielle Qt SCXML Dokumentation [2017]. Überblick über Qt SCXML, `https://doc.qt.io/qt-5.10/qtscxml-overview.html`. [zuletzt besucht 20.01.2018].

OMG UML [2017]. OMG Unified Modeling Language, `http://www.omg.org/spec/UML/2.5.1/PDF`. [zuletzt besucht 8.02.2018].

QML Statemachine [2016]. Das deklarative State Machine Framework, `http://doc.qt.io/qt-5/qmlstatemachine.html`. [zuletzt besucht 8.02.2018].

QML States [2016]. QML States, `http://doc.qt.io/archives/qt-4.8/qdeclarativestates.html`. [zuletzt besucht 8.02.2018].

QScxmlCppDataModel Documentation [2017]. Qscxmlcppdatamodel class, `https://doc.qt.io/qt-5/qscxmlcppdatamodel.html`. [zuletzt besucht 8.02.2018].

QScxmlStateMachine [2017]. Qscxmlstatemachine class, `https://doc.qt.io/qt-5/qscxmlstatemachine.html\#connectToState`. [zuletzt besucht 8.02.2018].

QScxmlStateMachine Parse Error [2017]. Qscxmlstatemachine class, `https://doc.qt.io/qt-5/qscxmlstatemachine.html\#parseErrors-prop`. [zuletzt besucht 8.02.2018].

Qt Documentation Instantiating State Machines [2017]. Instantiating state machines, `https://doc.qt.io/qt-5.10/qtscxml-instantiating-state-machines.html`. [zuletzt besucht 8.02.2018].

Qt Example Traffic Light [2017]. Qt SCXML Traffic Light Example (Dynamic), `https://doc.qt.io/qt-5.10/qtscxml-trafficlight-widgets-dynamic-example.html`. [zuletzt besucht 8.02.2018].

Qt Quarterly [2017]. Dynamic signals and slots, `https://doc.qt.io/archives/qq/qq16-dynamicqobject.html`. [zuletzt besucht 8.02.2018].

Qt SCXML [2017]. Startseite für das Release v5.10 des kommerziellen Anbieters The Qt Company, `https://www.qt.io/qt5-10C`. [zuletzt besucht 20.01.2018].

Qt SCXML Compiler [2017]. The qt scxml compiler, qscxmlc, reads an .scxml file and produces c++ source and header files, `https://doc.qt.io/qt-5/qtscxml-overview.html\#qt-scxml-compiler`. [zuletzt besucht 8.02.2018].

Qt SCXML Compliance [2017]. SCXML Compliance, `https://doc.qt.io/qt-5/qtscxml-scxml-compliance.html`. [zuletzt besucht 8.02.2018].

Qt SCXML Examples [2017]. Qt SCXML Examples, `https://doc.qt.io/qt-5/examples-qtscxml.html`. [zuletzt besucht 8.02.2018].

Qt Statemachine Framework Dokumentation [2017]. Überblick über das Qt Statemachine Framework, `https://doc.qt.io/qt-5.10/statemachine-api.html`. [zuletzt besucht 20.01.2018].

QTBUG-1088 [2012]. Add support for xinclude, `https://bugreports.qt.io/browse/QTBUG-1088`. [zuletzt besucht 8.02.2018].

QTBUG-58564 [2017]. Public api for invoked state machines missing, `https://bugreports.qt.io/browse/QTBUG-58564`. [zuletzt besucht 8.02.2018].

QTBUG-61960 [2017]. Scxml requires qml module, `https://bugreports.qt.io/browse/QTBUG-61960?jql=status%20%3D%20Reported%20AND%20text%20~%20%22scxml%22`. [zuletzt besucht 8.02.2018].

QTBUG-63336 [2017]. When history state is used in scxml, some state ids are wrong, `https://bugreports.qt.io/browse/QTBUG-63336jql=status%20%3D%20Reported%20AND%20text%20~%20%22scxml%22`. [zuletzt besucht 8.02.2018].

QtWS16 ab Minute 32:24s [2016]. 42 minütiger Vortrag zu Qt SCXML: State Machines Made Easier, Ulf Hermann, The Qt Company, `https://www.youtube.com/watch?v=X0kEkB0ewyw#t=32m24s`. [zuletzt besucht 8.02.2018].

QtWS16 ab Minute 37:10s [2016]. 42 minütiger Vortrag zu Qt SCXML: State Machines Made Easier, Ulf Hermann, The Qt Company, `https://www.youtube.com/watch?v=X0kEkB0ewyw#t=37m10s`. [zuletzt besucht 8.02.2018].

QtWS16 ab Minute 40:00s [2016]. 42 minütiger Vortrag zu Qt SCXML: State Machines Made Easier, Ulf Hermann, The Qt Company, `https://www.youtube.com/watch?v=X0kEkB0ewyw#t=40m00s`. [zuletzt besucht 8.02.2018].

Schütte, A. [2017]. AChord - Sichere Kommunikation mittels P2P Technologien, `https://www.fbi.h-da.de/~a.schuette/AChord/`. [zuletzt besucht 30.01.2018].

SCION [2017]. SCION ist ein Implementierung des W3C SCXML in JavaScript, `https://github.com/jbeard4/SCION/`. [zuletzt besucht 20.01.2018].

scxmlcc [2017]. SCXML-zu-C++-Compiler, `https://github.com/jp-embedded/scxmlcc`. [zuletzt besucht 20.01.2018].

scxmlgui [2017]. Dies ist ein Versuch, eine grafische Benutzeroberfläche für die Bearbeitung von SCXML-Finite-Zustandsautomaten zu erstellen., `https://github.com/fmorbini/scxmlgui`. [zuletzt besucht 20.01.2018].

sradomski [2017]. How do i verify that my scxml defines a valid state machine?, `https://stackoverflow.com/questions/31694832/how-do-i-verify-that-my-scxml-defines-a-valid-state-machine`. [zuletzt besucht 8.02.2018].

The Qt Company [2018]. Die Qt Company ist für die Entwicklung von Qt verantwortlich., `https://www1.qt.io/company/`. [zuletzt besucht 8.02.2018].

tklab-tud [2017]. Wir haben eine Reihe von Benchmark-SCXML-Dokumenten konzipiert, um die Performance der verschiedenen SCXML-Implementierungen zu bewerten, `https://github.com/tklab-tud/uscxml/blob/master/docs/BENCHMARKS.md`. [zuletzt besucht 20.01.2018].

Ulf Hermann [2017]. Scxml compiler: qt mode was removed, https://bugreports.qt.io/browse/QTBUG-58384. [zuletzt besucht 8.02.2018].

uSCXML [2017]. SCXML-Interpreter und Transformator/Compiler in C/C++, https://github.com/tklab-tud/uscxml. [zuletzt besucht 20.01.2018].

uSCXML Documentation [2017]. uscxml: Main page, http://tklab-tud.github.io/uscxml/. [zuletzt besucht 8.02.2018].

W3C [2010]. Voice Extensible Markup Language (VoiceXML) 3.0, https://www.w3.org/TR/voicexml30/. [zuletzt besucht 8.02.2018].

W3C [2015]. State chart xml (scxml): State machine notation for control abstraction, https://www.w3.org/TR/scxml/. [zuletzt besucht 8.02.2018].

W3C [2017]. Beispiel mit xinclude, https://www.w3.org/TR/scxml/#N11608. [zuletzt besucht 8.02.2018].

Ziller, E. [2016]. Qt Creator 4.2 Beta released, http://blog.qt.io/blog/2016/10/26/qt-creator-4-2-beta-released/. [zuletzt besucht 20.01.2018].

BEI GRIN MACHT SICH IHR WISSEN BEZAHLT

- Wir veröffentlichen Ihre Hausarbeit,
  Bachelor- und Masterarbeit

- Ihr eigenes eBook und Buch -
  weltweit in allen wichtigen Shops

- Verdienen Sie an jedem Verkauf

Jetzt bei www.GRIN.com hochladen
und kostenlos publizieren